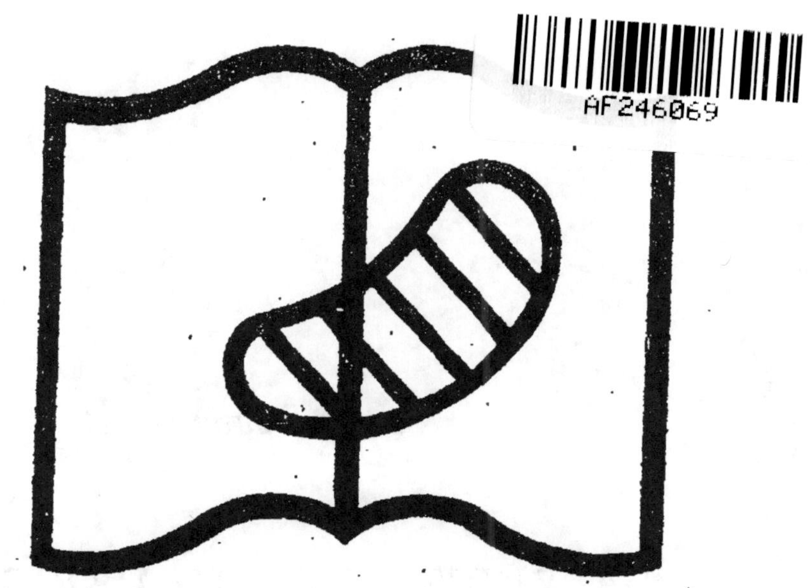

Original illisible

NF Z 43-120-10

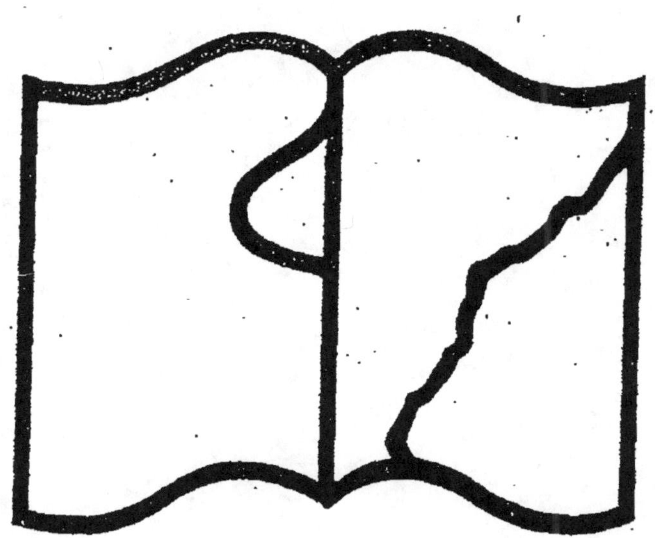

Texte détérioré — reliure défectueuse

NF Z 43-120-11

"VALABLE POUR TOUT OU PARTIE
DU DOCUMENT REPRODUIT".

LA VÉRITÉ SUR TOMBOUCTOU

L'ESCLAVAGE AU SOUDAN FRANÇAIS

I volume.

A. SAVINE, ÉDITEUR

ÉDOUARD GUILLAUMET

DÉLÉGUÉ DU SOUDAN FRANÇAIS

MEMBRE DU COMITÉ CONSULTATIF DES COLONIES

PROJET

DE

MISSION CHEZ SAMORY

SOUDAN FRANÇAIS

Rapport à M. le Ministre des Colonies

PARIS

IMPRIMERIE ET LIBRAIRIE CENTRALES DES CHEMINS DE FER

IMPRIMERIE CHAIX

SOCIÉTÉ ANONYME AU CAPITAL DE CINQ MILLIONS

Rue Bergère, 20

1895

I

Considérations politiques.

Depuis une quinzaine d'années que nous nous trouvons en présence de l'Almamy Malinké Samory, nous l'avons eu tantôt comme allié, tantôt comme ennemi. A l'heure actuelle, à la suite des dernières expéditions tentées contre lui, nous sommes obligés de le considérer comme un ennemi.

Ét tout d'abord, pour bien mettre en relief l'esprit de ce rapport et sa morale, je citerai les lignes suivantes que le capitaine Péroz, en 1889, au retour de la mission pacifique qu'il venait d'accomplir chez Samory, écrivait dans son volume, *Au Soudan français* (page 348).

« Avant de quitter Kankan, je jouai devant Batour-balahé, devant Karamoko, et tous les notables de la ville, la comédie suivante, destinée à donner aux gens du pays une haute opinion de la façon dont les Français tiennent leur parole Et, à ce sujet, il n'est pas indifférent de noter que, dans tout le Soudan occidental, nous avons, à ce point de vue, une réputation détestable, qui ne le cède en rien à celle que nous attribuons à l'Almamy Samory. Il est cependant à constater, au contraire, que ses plus mortels ennemis eux-mêmes sont unanimes à reconnaître qu'il n'a jamais violé la parole donnée. »

Entre plusieurs autres témoignages de l'honnêteté morale de Samory, je ne retiens que celui-là, parce qu'il émane d'un officier qui a vu et connu Samory, et qui, personnellement, ne l'a jamais trompé. Et quelque pénible que me soit cet aveu, les faits historiques que je vais citer l'établissent, ce n'est pas Samory qui a failli aux traités que de bonne foi il nous avait consentis, c'est nous qui, dans les questions de détail, n'avons point exécuté à la lettre les conventions acceptées, et de la sorte, avons provoqué les rébellions qui nous ont amenés, en fin de compte, au désastre de la colonne Monteil.

Lorsqu'en 1886, nous traitions avec Samory et rangions ses États sous notre protectorat, alors que nous avions besoin de sa neutralité dans nos discussions avec les autres souverains du Macina, nous avons pris envers lui des engagements qui n'ont pas toujours été tenus, et si, dans la suite, Samory s'est séparé de nous, ce n'est pas, il faut le dire, l'offensive qu'il a prise, mais la *défensive*. Si depuis, et presque chaque année, nous nous sommes trouvés en sa présence, c'est que nous allions le chercher. J'ai donné ailleurs le motif de ces expéditions.

Je n'en veux pour preuve que notre situation actuelle à l'égard du souverain noir, établie par les faits eux-mêmes. Depuis deux ans qu'on a établi un gouvernement civil au Soudan, avec mission d'agir pacifiquement, pas un coup de fusil n'a été tiré au Soudan, et nos frontières ont été respectées par l'Almamy lui-même, qui n'a fait contre nous aucune démonstration hostile. Bien au contraire, lorsqu'on lui a fait demander ses intentions politiques, il n'a point demandé mieux que de traiter, puisqu'il a envoyé à cet effet, au mois de juillet 1894, à Bammako, un de ses fils, accompagné d'une ambassade, chargé de traiter avec nous. Des circonstances indépendantes de la volonté du gouvernement ont seules empêché les négociations de s'engager, et nous sommes restés au même point.

Ce qu'on n'a pu faire il y a quelques mois, on peut le faire maintenant, car, étant donnée notre politique de paix à peu près établie, la confiance en nous de l'Almamy sera plus grande, surtout si l'on s'adresse à lui avec des garanties de paix. Et c'est là le but de la mission que j'ai l'honneur de proposer au gouvernement français, mission qui, à l'heure actuelle, me paraît nécessaire, si l'on considère la situation politique et économique des pays occupés par le souverain Malinké.

On prête à Samory, périodiquement, et sur la foi de renseignements étrangers plus ou moins intéressés, une tactique à laquelle certes il ne songe pas. Tantôt il est à Kong, tantôt à Coumassie, tantôt chez les Achantis, etc., etc.

Il m'est permis d'affirmer, d'après des renseignements précis que Samory — en personne — ne s'éloigne pas de la région où il sa établi a capitale, entre Sambatiguila et le Baoulé. Qu'il soit allé à Kong, le fait est indiscutable. Qu'il ait détruit cette ville ou qu'il ait l'intention de le faire, je ne le crois pas. Il en touche un impôt, exagéré peut-être, c'est certain, mais à l'heure actuelle, il ne tente des expéditions, expéditions toujours dirigées par un de ses fils ou par un chef Sofa, que lorsque ses soldats, ayant épuisé le butin précédent, réclament des prises nouvelles. Et j'ajouterai même qu'il le fait avec la plus grande prudence et la plus grande économie.

Si nous l'avons vu, dans la dernière campagne entreprise contre lui, brûler, piller et massacrer des villages devant nous, c'est que, fort bien conseillé par des éléments étrangers, il savait que le seul moyen de nous empêcher d'avancer et de décimer peu à peu nos colonnes était de faire le vide devant nous, mais il s'est bien gardé, du jour où nous avons battu en retraite de continuer cette politique d'épuisement si préjudiciable à lui-même.

Je dis préjudiciable, car elle eût été la mort de son commerce, et ce commerce a une grosse valeur qu'il ne nous faut pas perdre de vue, puisque le trafic de ce pays avec Sierra-Leone en poudre d'or, ivoire, kolas, etc., peut se chiffrer à huit ou dix millions par an, avec un chiffre à peu près égal d'importation.

Or ce commerce devrait être à nous, et ne peut nous revenir qu'après entente avec Samory, soit par guerre, et je ne discuterai pas un instant cette grosse question, soit par un traité amiable qui peut être, à l'heure actuelle, obtenu de notre ennemi.

Les Anglais, en effet, qui n'ont pas peu contribué à soutenir Samory, en faisant avec lui le commerce des armes et des munitions, et qui, depuis quelques années, réalisaient dans ces colonies de gros bénéfices sur le dos de notre politique coloniale, se trouvent à l'heure actuelle presque aussi embarrassés que nous. Cernés par nos possessions de la côte d'Ivoire, des rivières du Sud, du Sénégal et du Soudan, ils n'ont plus, comme débouchés vers l'intérieur que les Etats actuels de Samory. Or, ce dernier, à son tour est devenu exigeant et pourrait inquiéter les possessions anglaises, ce qui compliquerait la question au lieu de la résoudre.

Quel est donc alors le but à atteindre ?

La neutralité de Samory, et au besoin son alliance, dans les pays où doit s'étendre notre protectorat, et en échange d'avantages qui lui seraient faits, un traité de commerce qui nous assurerait l'exploitation commerciale de cette immense région où peut-être trouverons-nous une compensation aux sacrifices considérables qu'exige, et que malheureusement exigera toujours, le Soudan septentrional.

Peut-on arriver à ce résultat pacifiquement, et dans quelles conditions ? Oui, on peut arriver à ce résultat, car Samory y a, à l'heure actuelle, autant d'intérêt que nous, et bien qu'il nous ait montré, encore dernièrement, une hostilité implacable, parce qu'il a quelque raison de se méfier de nous et des suites que pourrait avoir pour lui une soumission, il accueillera sûrement, maintenant comme en 1886, un envoyé amical et sincère qui lui répondra de nos bonnes intentions.

Et qu'on ne s'y méprenne point. On pourrait peut-être croire que j'offre de capituler devant Samory, ce n'est pas cela. Je propose tout simplement de reprendre les négociations que des malentendus divers ont empêché d'aboutir.

Nous avons, par des expéditions aussi victorieuses que répétées, affirmé dans le centre africain la suprématie de nos armes et l'inviolabilité de notre drapeau, mais aussi nous avons conquis un territoire dépeuplé et appauvri qui, à l'heure actuelle, relève entièrement, économiquement parlant, de la métropole. Cette politique néfaste coûte beaucoup et ne rapporte rien.

Samory est impuissant là où nous sommes, c'est vrai, mais là où il est, il a conservé toute son influence et il y a gros à parier que plus nous continuerons dans cette voie et plus nous nous embourberons dans des sacrifices sans espérances.

Dans ces conditions, notre colonisation doit abandonner la vieille routine, et viser à une extension paisible et modérée. Il vaut mieux aller sans bruit dans des pays prospères, ou qui le deviendront, que de canonner des tatas en ruines et de bâtir des forts au milieu d'une brousse déserte.

II

Où est et que fait Samory.

Je ne referai pas ici l'histoire de Samory. Il est trop connu de tous ceux que peut intéresser ce projet, pour que j'aie à revenir sur son histoire et sur l'histoire des expéditions que nous avons faites contre lui, expéditions dont je viens de signaler l'inutilité. Ce qu'il est utile de connaître c'est où est Samory et ce qu'il fait.

Je disais tout à l'heure qu'il ne quittait pas la région qui se trouve entre nos postes du Niger et le Baoulé. C'est là en effet à Odjenné que, l'an dernier, le rencontrait Almansour, interprète à Kayes, envoyé vers lui pour entrer en pourparlers. Depuis il a envoyé plusieurs groupes de Sofas en expédition, je pourrais dire de ravitaillement ; quelques-uns ont même opéré contre la colonne Monteil, mais l'Almamy qui a de bonnes raisons de ne pas se tenir trop près de nous se maintient dans son centre d'opérations, à proximité de sa smala qu'il surveille jalousement. De là, au fur et à mesure de ses besoins, il rayonne sur la contrée, et rançonne les caravanes et les dioulas qui passent sur son territoire. Il a, dans chaque village soumis, un percepteur d'impôts qui surveille ses intérêts et lui rend des comptes fidèles.

De son côté Samory ramasse autant d'or, d'ivoire, de kolas et de caoutchouc qu'il en trouve, et c'est ainsi qu'il peut recevoir les nombreux convois d'armes et de munitions qui lui viennent de Sierra-Leone, et comprenant les fusils anglais et américains à tir rapide des plus récents modèles avec des cartouches par milliers.

Ce commerce constitue donc pour nous un danger permanent, aussi bien politiquement qu'économiquement.

Pour en revenir aux tentatives de Samory sur nos possessions européennes, il n'y a pas lieu, je crois, d'attacher grande importance aux déplacements continuels qu'on nous signale. Ils sont dûs essentiellement à son impuissance de trouver des débouchés vers le nord où nous lui barrons la route par notre occupation du Niger et du Macina, vers l'est où la surveillance est plus étroite encore, et enfin vers le sud où notre colonie de la Côte d'Ivoire et les colonies anglaiset de Sierra-Leone et de la Côte d'Or, sans parler de la République de Libéria lui interdisent l'accès de la mer. Obligé de vivre sur le pays, et réduit à un commerce par intermédiaires très onéreux pour lui, il tente par moments de trouver un point faible dans ce cercle infranchissable qui l'entoure, et c'est ainsi que ses Sofas anéantissent parfois des villages que notre protectorat n'a pas su garantir.

Le jour où une entente avec l'Almamy permettra à son commerce et au nôtre de se développer tranquillement, il gagnera beaucoup d'argent, ce qui lui permettra de faire face aux exigences de sa situation, et nous aussi.

Il m'a été donné de rencontrer à Bammako, en août 1894, un des fils de Samory envoyé en ambassade auprès du gouverneur. Ce jeune homme, d'une quinzaine d'années, était accompagné d'un puissant marabout et d'une nombreuse suite. Grâce à l'obligeance du commandant Guégan, mort depuis, comme tant d'autres, j'ai pu avoir avec ce marabout une longue conversation sur les relations futures que nous pourrions établir avec Samory. Il en est résulté que cette entente est possible, à la condition qu'elle soit faite diplomatiquement. Voici les dernières paroles de ce chef religieux, conseiller intime de l'Almamy.

« Viens chez nous, on te recevra. Mais n'amène pas de tirailleurs, car s'il y a fusils, toi y en pas venir camarade, et alors y en a pas faire palabre. »

Ce point est dès maintenant acquis : La possibilité de joindre Samory et d'entrer en pourparlers avec lui. Quant aux résultats de ces pourparlers, je crois avoir démontré qu'ils avaient quelque chance d'aboutir.

III

Itinéraire de la mission.

J'ai dit plus haut à quel endroit, ou plutôt dans quelle région, on devait trouver Samory. On peut dès maintenant prendre comme point central Odjenné, car c'est là qu'il faudra d'abord se rendre pour, de là, joindre l'almamy.

Pour gagner Odjenné, il y a deux routes principales : l'une par le Sénégal et le Soudan, l'autre par la Côte d'Ivoire. J'éliminerai de suite cette dernière pour une raison très simple. C'est le chemin suivi par la colonne Monteil en 1894, et nous sommes encore trop près de ce désastre pour tenter, même isolément, le passage avec succès. De plus, nos derniers postes d'occupation sont trop éloignés du point à atteindre, et la route inconnue serait trop longue pour pouvoir rester en relations utiles avec les territoires où flotte notre pavillon.

Par le Soudan, la route est plus longue c'est vrai, mais aussi plus sûre et plus facile, car c'est la voie de ravitaillement semée de postes, où la question de transports sera plus facile à résoudre. Et ici, nous avons le choix entre deux chemins, le premier par Bammako et Ténétou-Bougouni, le second par Kankan ; les deux offrant les mêmes avantages, la mission aurait à choisir sur place celui qui, d'après les renseignements de la dernière heure, lui paraîtrait le plus favorable au point de vue politique.

En cas de succès, le retour pourrait s'effectuer soit par la Côte d'Ivoire, car la route serait libre, et alors une exploration géographique pourrait compléter l'œuvre accomplie, soit par Konakry où également il serait possible d'étudier la voie de ravitaillement projetée sur la Mellacorée.

La route par le Soudan offre cet avantage qu'il est possible de centraliser à Kita tous les bagages et le matériel de la mission et que c'est de là, après avoir recueilli les derniers documents, et escortée d'un des envoyés de Samory, qui devrait lui faciliter l'entrée des états de l'almamy, qu'elle pourrait utilement commencer son œuvre. Si je n'insiste pas davantage sur cet envoyé de Samory, qui ne serait autre qu'un marabout fameux, j'espère qu'on comprendra ma réserve et qu'il me sera permis de conserver dans ma main quelques-uns des fils invisibles qui doivent faire mouvoir mes personnages. Je ne puis qu'ajouter ceci, c'est que je n'ai point l'intention de m'aventurer dans une expédition sans espoir, et qu'au contraire, je me suis efforcé de mettre tous les atouts de mon côté, l'enjeu étant trop gros pour ne point, au besoin, « redemander des cartes. »

IV

Composition de la mission. — Son budget.

La mission ne se composerait que de deux Européens. Un chef de mission, seul responsable, et chargé de toute la besogne économique et politique et d'un secrétaire qui s'occuperait, en même temps que des détails matériels, de la partie topographique et géographique. Tous deux seraient armés d'un fusil Winchester modèle 1894 et d'un revolver ; le personnel noir comprendrait deux ou trois domestiques choisis parmi les Soudanais malinkés de préférence, et armés d'un fusil de chasse à deux coups pour l'approvisionnement de la mission et enfin cinquante porteurs — engagés à Bafoulabé ou à Kita pour toute la durée de la mission — dont quarante pour les vivres seulement.

J'attache en effet une grande importance à ces deux points : ne pas réquisitionner de porteurs dans les villages du parcours où l'on mécontente l'indigène enlevé, ne fût-ce que pour une journée, à ses cultures ; ne point d'autre part réclamer de ce même indigène des dons en nature que même avec le prix en argent il ne peut remplacer. De là, la nécessité d'emporter avec soi le plus de vivres possibles pour parer à cet inconvénient.

Les autres porteurs seraient chargés des munitions, du matériel de campement et des cadeaux.

Je n'ai point l'intention, en ce qui concerne les cadeaux, d'avoir beaucoup de colis ni beaucoup de richesses. Tout en satisfaisant la curiosité du noir et en se conformant aux coutumes, il ne faut point pour cela exciter sa convoitise ni tenter sa cupidité, d'autant que la mission ne disposera d'aucun moyen de défense ni même de surveillance. Il ne faudra donc emporter, en dehors des objets de valeur destinés à l'Almamy, que des objets d'une importance moyenne, quelques bijoux, plus apparents que réels, des montres, des bagues, etc., quelques armes et quelques étoffes, le tout en quatre ou cinq caisses de vingt-cinq kilogrammes.

Le calcul, qu'il serait trop long de donner ici *in-extenso*, produit pour l'achat et le transport du convoi de 15 à 18.000 francs. Si l'on y joint l'achat et le transport du matériel de France, et les frais de voyage et d'acquisitions personnelles, c'est environ 25.000 francs que représenterait pour une durée de six mois, le budget strictement nécessaire.

J'ai dit une durée de six mois, car normalement on doit en ce laps de temps obtenir un résultat. Le seul obstacle qui pourrait en prolonger la durée, c'est que la mission fût, comme cela est d'ailleurs déjà arrivé, retenue prisonnière chez l'Almamy pendant un certain temps. Mais alors les frais n'en seraient pas sensiblement augmentés, car nous trouverions chez notre hôte l'hospitalité écossaise dont il est coutumier.

J'ai passé rapidement sur tous ces détails d'exécution, sur lesquels il y aurait lieu de revenir, car je n'ai voulu indiquer que les grandes lignes, et d'ailleurs nous avons déjà tant d'exemples précédents que l'expérience est faite et qu'on sait à l'heure actuelle, ce que peut coûter un voyage, quand on en connaît le plan et les prévisions.

V

Les pouvoirs de la mission.

Je vais maintenant aborder le point principal de ce projet. La mission arrivée chez Samory, qu'y fera-t-elle ? C'est là évidemment la première question à lui poser. A cela on répondra: De quels pouvoirs disposera-t-elle ? et je vais examiner ces deux interrogations l'une après l'autre.

Le but à atteindre est de désarmer Samory moralement et effectivement. Pour cela, arrivée chez lui, la mission devra commencer par se concilier sa bienveillance et le convaincre de sa bonne foi. Je ne dissimulerai pas que ce sera là le plus difficile, mais plus optimiste que ceux qu'effraie l'attitude militaire de l'Almamy, je puis affirmer à nouveau que c'est possible.

Accréditée auprès de lui par une sanction officielle, la mission devra peu à peu, dans les premiers temps de son séjour, adoucir les rancunes de notre ancien allié et ramener son esprit dans les dispositions qu'il avait pour nous, il y a quelques années. Tout en n'en parlant point encore définitivement, il faudra faire entendre qu'un traité sûr et irrévocable, qui lui laissera des avantages suffisants, peut être conclu avec confiance de part et d'autre, étant donné que de notre côté, il a pu s'apercevoir, qu'une politique pacifique a remplacé l'ère des expéditions militaires, et qu'il n'a plus rien à craindre de nos armes. Nous lui ouvrirons des routes pour qu'il vienne librement chez nous, de même qua nous irons franchement chez lui, et comme il est juste qu'il ne soit pas pécuniairement dépossédé de ses droits, nous agirons avec lui ainsi qu'avec les autres rois nos alliés en employant le vieux système de la coutume annuelle.

Cette coutume, il appartiendra au Gouvernement de la fixer.

En échange des sacrifices que nous ferons pour lui, Samory nous accordera le libre passage et le libre commerce sur tous ses territoires, avec pour nous le monople des transactions qui se font actuellement par Sierra-Leone, et dont j'ai parlé plus haut.

Les sofas deviendront alors une garde d'honneur au lieu d'être une armée de combat. Pour le reste de ses troupes combattantes, elles seraient licenciées, au grand profit et à la grande joie de l'Almamy, qui, au lieu d'avoir à satisfaire les besoins guerriers de bandes de pillards, pour soutenir sa haute réputation de chef déjà chancelante, n'aurait plus qu'à administrer, en jouissant d'une réputation acquise, un pays désormais pacifié qui ne peut que se repeupler.

— J'ouvrirai ici une parenthèse au sujet de l'effectif des troupes de Samory. Certains rapports lui prêtent des milliers de chevaux et des dizaines de mille hommes. A l'heure actuelle, Samory ne possède pas plus de cinq cents chevaux, un millier de sofas et autant d'auxiliaires. Nous sommes loin des douze mille sofas, énumérés un par un sur la crête des coteaux au cours de la colonne Monteil, car on n'y comprenait certainement pas les captifs et les porteurs, les femmes et les enfants. —

Je reviens à notre politique. Samory, convaincu cette fois de notre sincérité et s'appuyant sur les preuves que nous lui en aurons données, consentira sûrement à traiter.

Il sera nécessaire que le chef de la mission ait en mains les pouvoirs suffisants pour traiter avec lui, — sous réserve naturellement de ratification par le gouvernement de la République Française, — dans les conditions que je viens d'examiner.

Une seule question restera pendante. Celle de nos relations avec les colonies anglaises après entente avec l'Almamy. Cette question, il ne m'appartient pas de la discuter ici (1). Je crois dès maintenant pouvoir poser en principe que nos voisins de la côte occidentale d'Afrique ont tout à gagner à nous prêter leur concours, mais qu'au besoin nous pourrions nous en passer.

Et maintenant, pour clore cet examen des pouvoirs à donner à la mission, je me permettrai d'affirmer, bien que beaucoup de coloniaux sincères considèrent cet espoir

---

(1) Cette question relève en effet, du ministère des Affaires étrangères, et devra être examinée à part.

comme une utopie, qu'en cas de réussite de la mission, et, après toutes choses conclues, Samory ne demanderait pas mieux que de venir parmi nous en France, consacrer par sa présence les relations amicales et loyales que nous aurions établies avec lui.

CONCLUSION

J'ai examiné, au cours de ce projet, le moyen le plus pratique de venir à bout de notre « vieil et farouche ennemi », comme disent les gazettes. Jusqu'à présent les expéditions militaires tentées contre lui n'ont abouti qu'à des prises de possession de territoires vides et inutiles, laissant l'Almamy toujours en notre présence, quand elles ne se terminaient pas par un désastre. Notre situation commerciale au Soudan en a beaucoup souffert, et les tentatives privées d'expansion coloniale ont été toutes stériles. Nous avons fait d'énormes sacrifices en argent et surtout, hélas ! en hommes, sans avoir pu en tirer aucun avantage.

Au contraire les missions pacifiques qui se sont fait jour dans le Soudan, pour ne parler que de celles du capitaine Péroz et du capitaine Binger, ont toujours réussi. Ne pourrait-on, même à l'heure actuelle, prendre comme critérium de la colonisation française en Afrique, l'œuvre de M. Savorgnan de Brazza au Congo, où un immense territoire nous a été acquis presque sans dépense d'argent ou du sang national.

Le gouvernement français ayant à l'heure actuelle définitivement renoncé aux guerres lointaines dont l'inutilité lui a été démontrée, et pris la décision de continuer notre œuvre de civilisation par des moyens pacifiques et par conséquent commerciaux, il m'apparaît que dès lors, une mission paisible chez Samory, et je crois avoir prouvé dans ces quelques pages qu'elle était possible, doit être tentée, et ce, dans des délais proches.

Car si nous tardons encore, si nous acculons dans ses derniers retranchements ce souverain noir qui a, jusqu'à ce jour, trouvé tant d'appui chez nos voisins européens, nous pouvons être sûrs qu'avant qu'il soit deux ans, nous serons obligés de jeter contre lui des masses d'hommes et de capitaux qui, pas plus que les précédents, ne nous donneraient un résultat, notre situation étant trop peu stable dans ce continent où quatre cents Français à peine gardent deux millions de kilomètres carrés. Usons donc de notre expérience, et, renonçant à une gloire momentanée de batailles gagnées, que les nations civilisées du monde entier nous ont reconnue depuis des siècles, essayons de tirer parti du passé en exploitant pratiquement l'avenir.

Samory a besoin de nous comme nous avons besoin de lui. J'ai montré qu'on pouvait s'entendre avec lui et remplacer les querelles par de bons et fermes traités.

Traitons.

Octobre 1895.

IMPRIMERIE CHAIX, RUE BERGÈRE, 20, PARIS. — 21290-10-95. — (Encre Lorilleux).

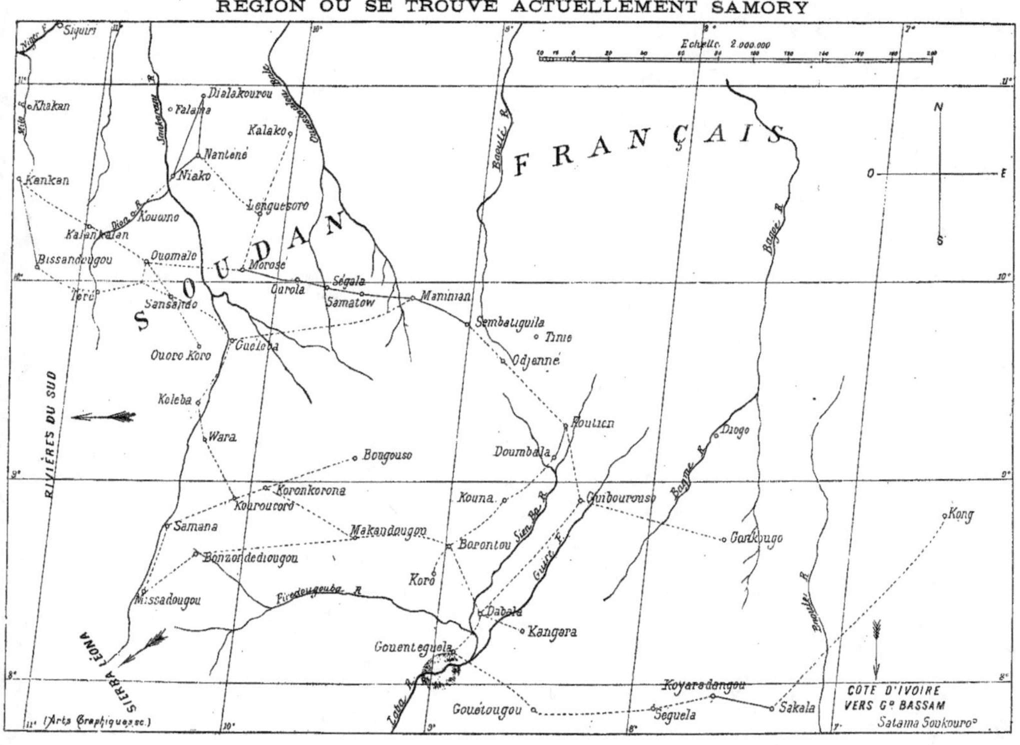
Echelle 2.000.000
Siguiri
Khakan
Falama
Dialakourou
Kalako
Nantené
Niako
Kankan
Lenguesoro
Kouwno
Kalankalan
Ouomale
Bissandougou
Morose
Téré
Ourola
Ségala
Samatow
Maninian
Sansando
Sembatiguila
Tinie
Ouoro Koro
Gueleba
Odjenne
Koleba
Wara
Boulicn
Diogo
Bougouso
Doumbala
Koronkorona
Kouna
Goubourouso
Kouroutoro
Garkougo
Kong
Samana
Makandougou
Borontou
Bonzondediougou
Koro
Missadougou
Firedougouba R.
Dabala
Kangara
Gouenteguela
Koyarsdangou
COTE D'IVOIRE
VERS G° BASSAM
Gouétougou
Seguela
Sakala
Satama Soukouro
FRANÇAIS
SOUDAN
RIVIÈRES DU SUD
SIERRA LÉONE
N
O
E
S
(Arts Graphiques.sc.)